MÉMOIRE JUSTIFICATIF

Contenant Pétition que donne LOUIS SALLES, fils, Commissaire du Pouvoir exécutif du Canton de Chomerac, habitant à Baix,

Au Tribunal civil du département de l'Ardêche, séant à Privas,

CONTRE la Commune de Baix.

C'EST dans le sein de la justice, devant des Juges intègres, protecteurs des Lois, et jaloux de leur exécution que l'honnête Citoyen trouve son asyle contre les attentats faits à sa vie et à ses propriétés.

Louis Salles, qui a constamment professé, depuis le commencement de la révolution, les véritables principes qui caractérisent et honorent les Républicains, s'est par-là attiré la malveillance d'une foule de scélérats, qui ont mis en usage tous les moyens qu'ils ont eu en leur pouvoir, pour le perdre. Chaque jour et à chaque instant il a été exposé à être la victime de son généreux dévouement à la cause de la liberté; et on aura peine à comprendre comment il a pu échaper au poignard de ses assassins, qui, dans ce Département, ont

A

pendant trop long-temps exercé avec impunité leurs affreux brigandages.

L'Exposé sincère et véridique, des faits ci-après, ne pourra qu'exciter l'indignation du Citoyen vertueux, en voyant un ami de la liberté, livré à la persécution d'une horde de scélérats, obligé de souffrir tous les excès auxquels ils se sont portés envers lui, parce que la justice qu'il réclamait alors était administrée par les complices de ses persécuteurs.

FAITS.

Lorsque le perfide Sallians avait formé le projet de renverser les fondemens de la Constitution naissante, qu'il voulait effectuer la contre-révolution dans ce Département, le citoyen Salles, à la tête de deux cents hommes, s'opposa à l'exécution des entreprises de ce scélérat ; il donna dans cette affaire des preuves de la valeur et du courage qui ont signalé nos braves armées ; et il doit être mis au nombre de ceux qui concoururent le plus à dissiper ces brigands, et à anéantir leur Chef.

Il fut nommé ensuite Administrateur du District du Coiron ; il a occupé cette place jusqu'au moment de sa suppression ; la conduite qu'il y a tenu est digne des plus grands éloges ; elle lui a attiré l'estime des gens de bien, et la haine des brigands de ce Département.

Salles a rendu des services importants à son pays; car, dans ces momens de disette, dont chacun de nous conserve encore un fraix et douloureux souvenir, ce n'est qu'à son zèle et à son amour pour ses compatriotes qu'on a dû l'approvisionnement de grains pour la majeure partie du département de l'Ardèche. Son intérêt, sa fortune ont cédé à sa philanthropie ;

il a fait des avances considérables pour les frais de voiture; et quoiqu'elles ne lui aient pas été encore remboursées, son dévouement n'en a point été atténué.

Dans le mois de Messidor an quatre, il fut nommé Commandant de la garde nationale du Canton de Chomerac; animé du désir de concourir au bien de sa patrie, il apporta dans cette place tout le zèle et la vigilance qu'elle nécessitait. L'ardeur et l'intégrité, avec lesquelles il faisait exécuter les réquisitions qui lui étaient adressées, lui suscitèrent bientôt des ennemis, qui mirent tout en œuvre pour perdre un homme, dont le républicanisme était aussi pur.

Le 29 Fructidor an 4, le Commissaire du Pouvoir exécutif près l'Administration municipale du Canton de Chomerac lui adressa une lettre contenant Réquisition de faire arrêter, conduire et remettre entre les mains de la Gendarmerie à Privas, tous les jeunes gens de la première réquisition, pour les faire conduire à leurs Corps respectifs; cette réquisition fut autorisée par une seconde du Commissaire près l'Administration centrale, contenant pouvoir de se faire donner main-forte par la Gendarmerie; la Municipalité de Baix lui avait transmis, à cette époque, la liste des jeunes gens soumis à la réquisition, en tête de laquelle étaient les deux fils de l'Agent municipal, *Vincent* : elle est certifiée sous la date du 30 Messidor an 4. Le citoyen Salles, jaloux de remplir les devoirs de sa charge, fit une réquisition au Capitaine de la garde nationale de Baix, qui lui enjoignait de faire une patrouille, à la tête de la garde; il lui annonçait qu'il s'y rendrait aussi, pour concourir avec lui au maintien de l'ordre et à l'exécution des lois du Gouvernement. Le Capitaine prétexta des affaires pressantes : Certes, ce n'était pas auprès de lui que l'intérêt public pouvait prévaloir sur l'intérêt particulier ! Il pria le citoyen Salles de vouloir bien exécuter lui-même les ordres qu'il lui avait transmis. Voilà une légère esquisse du patriotisme qui anime les Citoyens de la Commune de Baix.

Ce même jour, 10 Ventôse an 5, vers les trois heures après midi, il arriva quinze hommes masqués qui défilèrent tambour battant sous les fenêtres du citoyen Salles ; cette circonstance devait redoubler son zèle et son activité, et il s'empressa d'en donner avis au citoyen Margier, Adjoint municipal, en ces termes : « je vous préviens, Citoyen, » qu'il se trame des émeutes dans la Commune ; j'ai » commandé une garde pour le maintien de l'ordre et de » la sûreté publique ; vous voudrez bien vous joindre à » moi ».

La patrouille se mit en marche sur le soir ; elle était composée de six Citoyens, commandée par l'Exposant.

L'Adjoint municipal rompit alors son inaction ; mais pour se rendre à l'auberge où étaient assemblés ces gens masqués ; il connaissait sans-doute leurs projets ; il en était très-probablement plus que complice ; il fallait encourager les sicaires, et leur promettre l'impunité. Citoyens vertueux ! Voyez-vous sans indignation un Ministre de l'exécution des Lois, un dépositaire de la tranquillité publique, mentir à de si beaux titres, et les tourner en armes contre sa Patrie et ses compatriotes.

Lorsque la patrouille fut parvenue au Bourg neuf, elle entendit venir à elle, des gens battant le pas de charge ; lorsqu'elle fut à proximité, elle reconnut des masqués ; le citoyen Salles leur intima l'ordre de cesser de battre, au nom de la Loi ; à quoi ils répondirent : *nous vous obéirons, Commandant, nous nous retirerons* ; il les suivit avec sa garde jusqu'à la sortie de la Commune, sur la route du Pouzin ; mais ne voyant dans cet attroupement qu'une partie des masques, et craignant de leur part une feinte, il continue sa patrouille pour assurer la tranquillité publique. Il rencontra le nommé Jacques Vianet, réquisitionnaire, qui s'écria, en les voyant : *voici ce coquin de Commandant avec sa garde.* Le citoyen Salles s'avança de lui, et, lui reprochant ses mauvais propos, lui enjoignit de se retirer ; Vianet prit aussi-tôt la fuite et se rendit dans l'auberge du citoyen Chevalier, où ayant trouvé un assez grand nombre de ses adhérants, il leur raconta ce qui venait de lui arriver ; ils sortent à l'instant, et viennent fondre sur la patrouille à coup de pierres. En vain le citoyen Salles leur ordonne de se retirer ; leur audace se sentant sans-doute protégée d'ailleurs, devient effrénée ; de son côté, il veut prévenir l'effusion du sang, il empêche la patrouille de faire feu et la fait retirer avec lui.

Il y eut dans cette action, deux des Citoyens qui composaient la patrouille, blessés, et un autre dont ces brigands enlevèrent le fusil, après l'avoir cruellement maltraité. L'Exposant en dressa procès-verbal et l'envoya le 11 Ventôse au Commissaire du Pouvoir exécutif près l'Administration centrale, qui lui en accusa la réception, en lui témoignant son indignation, tant sur ces faits que sur l'insouciance de la Municipalité de Baix.

Dans cet intervalle il se forme une bande de gens armés de bâtons et de sabres, qui se rendent dans la maison du citoyen Salles, pour le forcer à leur remettre les deux caisses, et le drapeau du bataillon ; il employa dans ce moment tous les moyens qui furent en son pouvoir, pour les faire rentrer dans l'obéissance ; tout fut inutile, il fut contraint de leur remettre ce qu'ils exigeaient, n'ayant d'autre moyen de conserver ses jours. Il écrivit de nouveau au

Commissaire du Pouvoir exécutif près le Département.

Ces scélérats ne bornèrent pas là le cours de leurs horreurs, ils les continuèrent pendant plusieurs jours, et les continuent encore. Les portes de la maison de l'Exposant furent enfoncées ; l'image de la liberté qui était au-dessus fut abattu à ces cris réitérés, *à bas la République* ; jugez vous-mêmes, Citoyens, quelles atteintes étaient de pareils blasphêmes contre un cœur vraiement républicain ! L'Exposant continue de se plaindre, et toujours infructueusement : il s'adresse au Commissaire du Pouvoir exécutif près le Département, (Braveix, le seul fonctionnaire qui s'intéressât alors aux persécutions qu'éprouvaient les amis du Gouvernement), lui demandant des forces pour le protéger contre le fer de ses assassins. Il se plait à le publier : ce Magistrat fit en effet, dans cette occasion, tout ce qui dépendait de lui pour défendre le patriotisme opprimé, et assurer la tranquillité dans la Commune de Baix ; mais ses moyens étaient impuissans au milieu d'une Administration qui prenait ouvertement le parti des insurgés ; elle en a donné des preuves ; puisqu'elle ne voulait prendre sur cette affaire que des renseignemens de la Municipalité, complice de leurs attrocités, et qu'elle refusa constamment d'interposer son autorité. C'est sans-doute sur les renseignemens qui furent donnés à cette Administration, qu'elle envoya le Commissaire Grel, Agent de Chomerac, avec ordre de demander au citoyen Salles sa démission de la place de Commandant : telle était alors la manière de rendre justice aux républicains opprimés.

Mais ces temps malheureux sont passés ; le maintien de l'ordre et l'exécution des Lois, ont été confiés à des hommes justes, amis de la Liberté et du Gouvernement ; et la justice est sortie de sa trop longue léthargie.

L'Exposant, quoique étrangement surpris du procédé de l'Administration à son égard, soumis aux ordres émanés d'une autorité supérieure, obéit à ceux que lui transmit le citoyen Grel ; il donna sa démission, dont il réquit l'enregistrement dans les registres de l'Administration du Canton ; mais on n'eut pas égard à sa demande, qui demeura sans fruit.

Cette démission forcée, qu'une Administration, abusant de son pouvoir, avait arraché à l'Exposant, sous le vain prétexte de ramener par ce moyen la tranquillité, ne fit au contraire qu'accroitre les troubles et enfler l'audace des assassins.

Le 11 Prairial de l'an 5, le citoyen Salles avait rassemblé chez lui un petit nombre d'amis, composé de Capitaines de la Garde Nationale, et de quelques Agens municipaux des environs. Ils dinèrent ; l'hôte et les convives étaient Républicains, ils resserraient les liens de la fraternité, et la gaité devait accompagner cette scène touchante ; il fallait se délasser un moment des angoisses que causaient aux amis de la Patrie ses dangers extérieurs et le triomphe passager de ses ennemis intérieurs ; mais le temps de se livrer à une joie solide n'était pas encore arrivé, et elle eut bien peu de durée.

Le citoyen Salles conduisit ses amis dans son jardin ; et, au moment où se croyaient dans la plus grande sécurité, arrive une horde de brigands ; la Municipalité à leur tête ; ils cernent le jardin, et, du haut des murs, assaillissent l'Exposant et ses convives ; ils enfoncent la porte, et entrent en criant : *à bas les terroristes; nous les tenons; nous les ferons danser la carmagnole.* Cet événement atroce et imprévu, jette l'allarme dans la Commune ; le peu de bons Citoyens qui la composent se rassemblent, et accourent indignés de pareilles horreurs. Le citoyen Salles profite de cette occasion pour faire sentir, avec cette énergie qui caractérise le Républicain, à l'Agence municipale, l'oubli de ses devoirs : mais c'était lutter en vain que de vouloir lui persuader qu'elle devait maintenir le respect dû aux personnes et aux propriétés ; elle prouva trop qu'elle postposait ses devoirs à la corruption et à la haine contre les Patriotes.

L'hôte invita ses convives à se retirer, avec les insurgés qui les accompagnaient ; mais déjà le mal était à son comble ; son jardin était totalement ravagé ; trop heureux encore d'avoir pû, avec ses amis, échapper au poignard de ces scélérats.

Dans ce moment malheureux, où les brigands royaux assassinaient les républicains du département de l'Ardèche, arrive la journée à jamais mémorable du dix-huit Fructidor. L'Exposant crut alors voir écrouler l'édifice de la persécution ; le retour de l'ordre et le triomphe intérieur de l'état, enivraient son ame, dans le temps que ses ennemis, ou plutôt ceux du Gouvernement, lui prêtant leur venin, ne le croyaient livré qu'au ressentiment et à la soif de la vengeance.

Le Gouvernement, animé du désir de secourir l'innocence opprimée, voulant rendre justice aux amis de la République, connaissant le civisme et la moralité du citoyen Salles, le nomma son Commissaire dans le Canton de Chomerac. Cette nouvelle jetta l'allarme dans le cœur de ses ennemis ; ils craignaient son ressentiment, et la juste punition de leurs forfaits. L'Exposant au contraire, ami des Lois, et convaincu que les voies de douceur étaient plus propres à en établir l'empire, que les mesures rigoureuses ; que celles-là attachent les cœurs à la révolution, tandis que les autres aliénent les esprits, résolut d'abord de n'employer ces dernières, à l'égard des réquisitionnaires, qu'après avoir épuisé tous les moyens de la persuation auprès d'eux ; mais ils sont sourds à sa voix ; leur obstination provoque la force ; on les oblige à se rendre au chef-lieu du Département ; ils y prennent leur route ; et au lieu de partir pour leur destination, ils reviennent se cacher dans leur Commune, pour y méditer l'assassinat du citoyen Salles.

Dans la nuit, du 16 au 17 Pluviôse, une foule de ces scélérats se rendent devant la maison de l'Exposant ; ils tirent un coup de fusil sur une de ses fenêtres, donnant sur le rhône ; la balle perce le volet, et la commotion du coup l'arrache de ses gonds ; un instant après, on tire deux autres coups de fusil ou de pistolet, contre sa maison, du côté de la rue ; et on ne peut pas douter que ces brigands ne l'eussent assassiné, s'ils avaient pu s'introduire chez lui ; mais voyant qu'ils ne pouvaient venir à bout d'exécuter ce projet, et cherchant quelque moyen pour assouvir leur vengeance, ils entrent dans son jardin, et le dévastent entièrement ; vingt-huit pieds de meuriers, et plusieurs autres arbres fruitiers sont coupés ; un treillage et une tonne totalement détruits, et deux tours de filage, avec leurs fournaux brisés ; ils en sortent lorsqu'ils ne s'offre plus rien à sacrifier à leur rage ; mais pour se livrer à de nouvelles atrocités.

Ils se rendent au domaine du citoyen Salles père, situé à une demi-lieue de la Commune de Baix ; ils y arrivent vers les deux heures après minuit, et viennent frapper à fa porte, bien résolus de faire retomber fur la tête du père, les coups préparés pour le fils ; heureufement il refuse d'ouvrir ; dans ce moment, un Dieu protecteur de l'innocence, semble s'intéresser à la conservation des jours de ce vénérable vieillard. Cependant, son épouse, l'esprit agité du bruit qu'elle venait d'entendre, se lève, et, par une fenêtre, cherche à en découvrir les auteurs ; mais, quelle est sa surprise, lorsqu'elle s'apperçoit que deux perches, (ou paillers), l'une de mêlée, l'autre de paille font incendiées ? Elles consistaient en plus de quatre-vingts quintaux, et furent entièrement consumées. La flamme qu'elles répandaient au loin, jetta l'épouvante dans l'ame de ces deux malheureux vieillards, qui avaient tout à craindre pour leurs jours. Ils se portèrent après à couper la corde du puits ; et c'est ainsi que ces brigands terminèrent leurs horreurs : ces attentats horribles font constatés par le procès-verbal de l'Agence municipale de Baix, en date du 17 Pluviôse, et par une procédure.

Depuis le départ récent de la troupe cantonnée dans cette Commune, il s'est fait un nouveau rassemblement sous les fenêtres de l'Exposant ; là, après avoir chanté le réveil du peuple, vomi toute forte d'injures contre lui, ces brigands lancèrent une grêle de pierres contre sa porte et ses fenêtres, et jettèrent dans le rhône deux poutres qui étaient devant sa maison.

Aujourd'hui, ces mêmes hommes qui ont épuisé infructueusement tous leurs moyens à attenter aux jours du citoyen Salles, qui ont dévasté et incendié ses propriétés, craignant la juste punition de tant de crimes, réclamée par l'Exposant, au nom de la justice et de la Loi ; ces mêmes hommes, qui n'ont cessé jusqu'à ce jour de se montrer les ennemis jurés du Gouvernement, par une coalition des plus infâmes et les plus noires calomnies, forment une dénonciation atroce contre lui. Quel est le dénonciateur ? Un Regis Chevalier, scélérat reconnu, qui, dans ce moment est devant le Directeur du jury, convaincu d'avoir assassiné le citoyen Alexis Imbert, Républicain vertueux. Cet homme sans mœurs, sans probité, qui n'a rien à perdre que son existance, dangereuse pour tous les gens de biens, se déclare le chef de cette coalition ; il fait sa dénonciation chez un certain Terrasse, que la faction royale a pourvu d'une charge de Notaire, parce qu'elle avait reconnu en lui de grandes difpositions pour servir ses desseins et donner un vernis de probabilité aux crimes suppofés dont elle voulait se servir pour perdre un vertueux républicain ; il suffira de dire que cet homme respectable, est un prêtre réfractaire, ci-devant gras prieur d'Anconne.

Quels sont les témoins produits dans cet acte de dénonce par ces brigands ? Un nommé Bourgeac, être fanatique et dévoué à la perte du Gouvernement, abbé réfractaire qui ne craint pas d'oublier l'oraison dominicale, pour calomnier l'Exposant. A ce tartufe moderne, succède monsieur de Sainte-Colombe, ex-noble, dont la plupart des parens sont émigrés ; on peut s'exempter de faire son panégirique, parce qu'il est aisé de concevoir qu'un individu de cette importance, ne chérit pas les amis du Gouvernement. Les témoins administrés, sont les parens des déserteurs que l'Exposant a forcé de rejoindre, ou les réquifitionnaires qui avaient voulu l'assassiner. Ces derniers craignaient avec raison de venir faire leurs dépositions ; mais les deux frères Ducros Lafond, réquifitionnaires comme eux, les ont raffurés, et, tirant avantage des faveurs que leur accorde leur parenté avec les citoyens Reymondon, l'un Juge, et l'autre Accufateur public, (ils se trompaient néanmoins en s'étayant de la protection de ce dernier Magistrat ; son intégrité et son difcernement sont trop connus pour qu'on puisse craindre qu'il leur devienne favorable) ils les ont escortés, en leur assurant que leurs moyens étaient assez puissans pour les fouftraire à la Loi qui les atteint ; ils réussissent à souiller le sanctuaire de la Justice, par la présence d'une foule de brigands et d'assassins ; et on a égard à leurs dépositions.

Croient-ils, par ce vil stratagème, faire retomber sur l'Exposant le juste châtiment dû à leur scélératesse ? Non : de quel masque qu'ils se couvrent pour faire réussir leur complot, on reconnaîtra toujours les ennemis de l'état, les assassins du citoyen Salles, des calomniateurs et des lâches.

A suite de ces dépositions, l'Exposant fut traduit devant le Directeur du Juri, qui, ayant trouvé qu'il ne s'était pas suffisamment justifié des inculpations qu'on lui fait, a lancé un mandat d'arrêt, et l'a fait traduire dans les cachots.

L'Exposant n'a pas été surpris de cette façon d'agir : accoutumé aux persécutions, il attendra avec résignation l'instant où il doit faire ressortir sa justification, et il espère que, bientôt, on lui rendra la justice qu'il a si long-temps et en vain réclamée ; il est dans l'esclavage, mais il sera rendu à la liberté, et il lui restera la satisfaction d'avoir échappé au poignard de ses assassins, triomphé de leurs calomnies, et conservé le caractère de vrai républicain ; sa moralité connue et sa conduite irréprochable, lui sont de sûrs garants du triomphe de son innocence.

D'après le fidèle récit que l'on a exposé au Tribunal, des délits atroces, commis envers les personnes et les propriétés des citoyens Salles père et fils, par une foule de raisons toutes fondées sur l'équité, il est de son devoir de prendre en considération les justes réclamations de l'Exposant. Ses jours sont menacés, il a recours à vous citoyens Juges ; réfléchissez un instant sur sa position ; voyez-le entouré d'assassins, qui ne respirent que sa perte ; voyez ses propriétés dévastées, pillées, incendiées, non-seulement une fois, mais à chaque instant qu'il plaît à ces scélérats de renouveler leurs atrocités. Verrez-vous, sans être pénétrés de la plus vive indignation, les autorités constituées d'une Commune, violer ouvertement les Lois et autoriser le brigandage par une lâche insouciance. L'impunité enhardit le crime, et bientôt le citoyen Salles figurera parmi les martyrs de la Liberté de ce Département, si par une justice aussi prompte que sévère, on ne s'empresse de punir les auteurs de tant de crimes.

Un des premiers principes de la Constitution, est le respect inviolable, dû aux personnes et aux propriétés. La Loi du 10 Vendémiaire an 4 en a voulu assurer le fondement, en rendant les Communes responsables des délits qui se commettraient dans leurs arrondissemens. Cette responsabilité, faite pour exciter le zèle et la vigilance des autorités constituées, chargées par devoir de veiller au maintien de l'ordre et de la sureté publique, a produit un effet contraire dans la Commune de Baix, où la Municipalité est complice des assassins de l'Exposant.

D'après ces considérations; vu ce qui résulte des pièces et procédures remises au procès; vu que les attroupemens et délits énoncés en la présente pétition sont constants, qu'ils ont été commis par des jeunes gens de la réquisition, et autres personnes de la Commune de Baix; c'est le cas de l'application de la Loi du 10 Vendémiaire an 4, tit. 4, art. 1, et suivans : condamner la Commune de Baix à payer au citoyen Salles, la somme de dix mille livres, pour lui tenir lieu des dommages qu'il a soufferts; la condamner en outre en l'amende de dix mille livres au profit de la nation.

Les conclusions prises par l'Exposant, sont fondées sur la justice et l'équité : il est bien juste que l'opprimé obtienne des dommages contre ceux qui lui ont dévasté ses propriétés; et la Commune est responsable de ces dégats.

Cette jurisprudence est suivie par tous les Tribunaux de la République. On pourrait citer une foule de jugemens dans des causes de cette nature ; il suffit de rappeller le jugement rendu dans l'affaire de l'infortuné Blachère de Largentière, assassiné et pillé par les brigands.

Le jugement rendu par le Tribunal civil du département du Rhône, vient de donner un nouvel exemple sur les rassemblemens qui eurent lieu dans les Communes d'Amplepuis, de Valsonne, Saint-Appolinard et des Sauvages, où un détachement fut attaqué, en escortant cinq prêtres condamnés à la déportation. Trois Volontaires furent tués, le Commandant et un Sergent blessés griévement ; ces Communes furent condamnées à payer 6000 liv. au Commandant du détachement, 4000 liv. au Sergent, 1000 liv. à chaque Volontaire blessé dans l'action, 1000 liv. à chacun des enfans, ou veuve des Volontaires tués, et l'équivalent desdites sommes, par forme d'amende, au profit de la République ; ce jugement a été confirmé par le Tribunal de cassation.

Le Pétitionnaire aurait pu se dispenser de rappeller au Tribunal les différens jugemens rendus dans des causes de cette nature : devant des Juges intègres et éclairés, il lui suffisait de démontrer que ses demandes ont pour base, l'équité, la justice, et la Loi.

Magistrats vertueux ! Jusqu'à quand cette lutte scandaleuse entre les Rupublicains et les royalistes ? l'énorme et affreux édifice des anciens abus, politiques et autres, cimenté et accru pendant tant de siecles, a croulé au choc de la Liberté encore naissante, et des premiers efforts d'un peuple dont la force semblait totalement engourdie, et les droits ensevelis dans une reculée prescription ; le fracas d'un tel renversement s'est fait entendre d'un pole à l'autre ; les peuples ont été en même temps stupefaits et saisis d'admiration : quel contraste humiliant, si la grande nation leur donnait aujourd'hui le spectacle de quelques partisans de ce régime abusif, abattus et n'ayant d'autres armes que la scélératesse et la calomnie, luttant encore, triomphant même, contre les généreux républicains, et jouissant ainsi, en détail, de la victoire qui fut remportée en masse sur eux, où ils se promettent néanmoins le succès ; et ils vous font, citoyens Magistrats, la plus insigne des injures, en espérant de surprendre votre discernement et votre intégrité : déjà, ô honte! les perfides ont osé s'emparer des voies juridiques établies par le Gouvernement qu'ils détestent; ils sont parvenus à usurper dans le code même qui appartient aux Républicains, des armes et des moyens pour traduire dans les cachots et devant les Tribunaux un des plus purs et zélés patriotes. Il est temps, citoyens Juges, que d'aussi atroces projets se brisent devant la justice, devant le dépôt puissant et sacré des Lois, que vous tenez ; il est temps que des attentats aussi noirs, reçoivent enfin un juste châtiment : tous les Républicains croyent déjà en entendre sortir l'arrêt de votre bouche.

O toi peuple de l'Ardèche, rappelle dans ton cœur cette énorme procédure qui devait enfanter la proscription des Républicains de ce Département ; ce fameux colosse a tombé, et quelques-uns de ses auteurs sont déjà flétris dans l'opinion publique ; les royalistes viennent d'échouer dans cet attentat collectif : eh bien ! leur politique atroce est aujourd'hui d'attaquer individu par individu ; et leur acharnement pour être moins bruyant n'en deviendrait que plus dangereux ; les Madrés, ils nous auraient bientôt décimés par des manœuvres partielles et ainsi ménagées. Ne perdons pas de vue les atrocités qu'éprouve le citoyen Salles ; si elles n'étaient pas réprimées avec sévérité, notre civisme nous ferait bientôt imputé à crime ; et à notre tour, nous subirions le même sort.

Mais rassurons-nous, Citoyens, le triomphe de l'innocence et du patriotisme va, dans un moment, effacer le souvenir des persécutions ; son courage énergique, et son dévouement à la cause qu'il avait embrassée, l'avaient mis au-dessus de tout ce qu'il pouvait souffrir ; au fond de sa prison, là où règnent ordinairement les remords et l'attente du supplice, il n'avait qu'à descendre dans son ame, la pureté de sa conscience l'entretenait dans une inaltérable sérénité. Enfin il va bientôt jouir de cette sainte Liberté pour laquelle il donnerait son sang ; et il éprouvera la double satisfaction de voir son jugement infirmer l'audace des royalistes, et reveiller le courage des Républicains.

A Privas, ce 12 Fructidor, an 6 de la République française.

REBOUL, *Défenseur officieux près les Tribunaux civil et criminel, Fondé des pouvoirs de Salles.*

A PRIVAS, de l'Imprimerie de F. AGARD, Imprimeur du département de l'Ardêche.

P. S. Nouvelles preuves de la conspiration républicide et de l'antipathie acharnée des Dénonciateurs de Salles, contre tout ce qui est partisant du Gouvernement Républicain : le 28 Thermidor Regis Chevalier attaque les Volontaires stationnés à Baix, les insulte, les menace, ainsi que l'Officier ; il vomit mille horreurs contre les Républicains et les Défenseurs de la Patrie : on veut l'arrêter, il s'échappe.

Le 2 Fructidor, il forme un rassemblement, et se met à la tête avec les Ducros, Laffont ; un Citoyen, chantant une hymne patriotique, est assailli à coups de pierres ; on se porte sur la maison d'Aurelle (Républicain) ; on allait attaquer celle de Salles, si les bons Citoyens ne l'avaient empêché, et si la troupe n'avait dissipé l'attroupement.

Le lendemain, nouveau rassemblement ; la troupe veut le dissoudre, l'Officier est atteint d'un coup de pierre, un Sergent en reçoit également un coup à la tête, et une blessure de bayonete à la cuisse ; un des Chefs est arrêté et traduit à la maison d'arrêt à Privas.

Les scélérats, encore le 10 présent mois, dans le temps que Salles est dans les fers, ils veulent se porter sur sa maison ; les bons Citoyens les en empêchent, et secourent son épouse ; ils vont assouvir leur rage à briser ses bateaux à coups de hâche.

Tous ces faits sont constatés par des procès-verbaux adressés au brave Général MALYE. Jusqu'à quand de tels forfaits resteront-ils impunis ? Eh ! Que faudrait-il donc pour provoquer la garantie des personnes et des propriétés ?

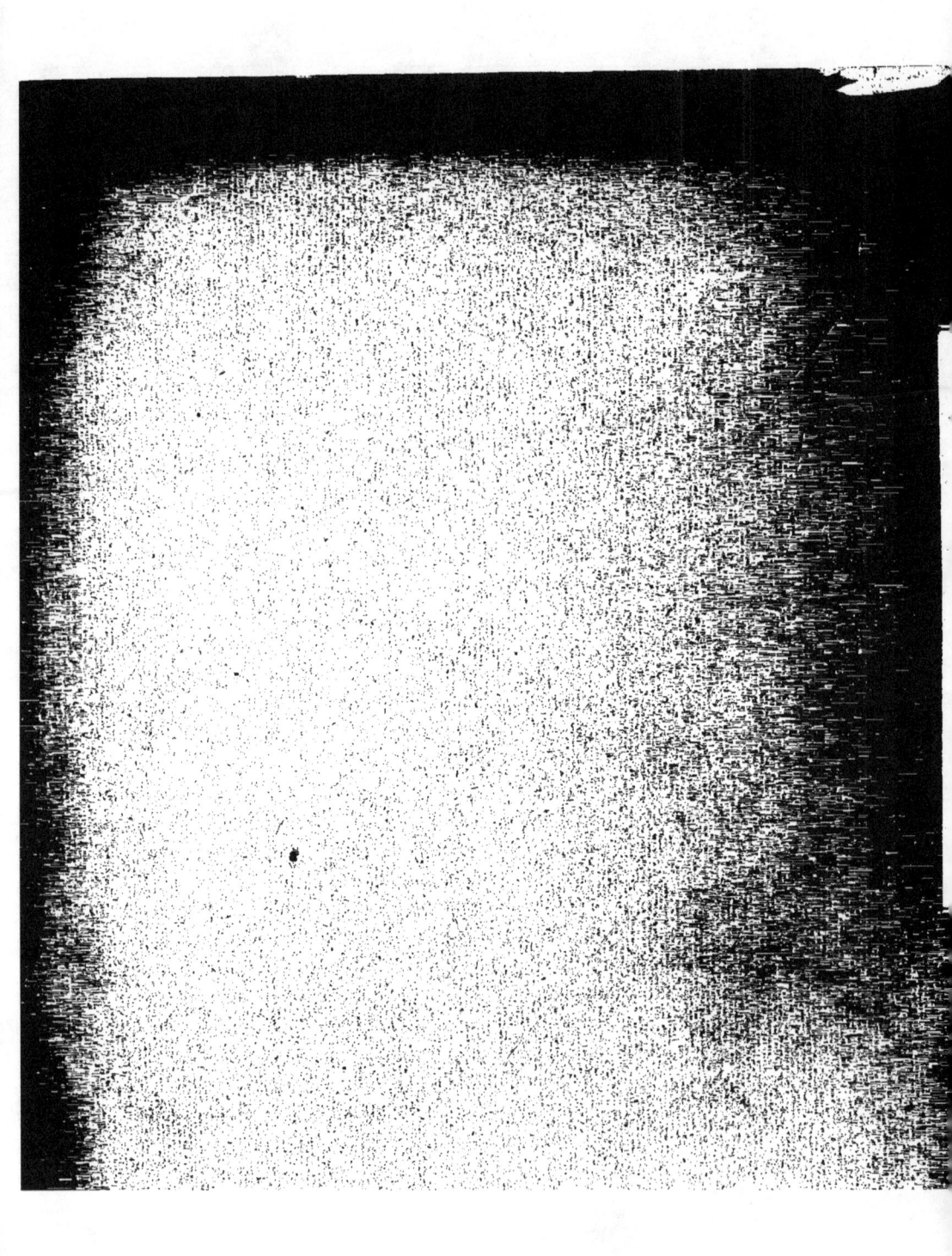